# Die Griechen Als Meister Der Colonisation: Zum Geburtsfeste Seiner Majestät Des Kaisers Und Königs In Der Aula Der Friedrich-wilhelms-universität Zu Berlin ......

Ernst Curtius

**Die Griechen als Meister der Colonisation.**

# Rede

## zum Geburtsfeste

# Seiner Majestät des Kaisers und Königs

in der Aula

der

# Friedrich-Wilhelms-Universität zu Berlin

am 22. März 1883

gehalten

von

## Ernst Curtius.

Berlin.

Buchdruckerei der Königl. Akademie der Wissenschaften (G. Vogt),

Universitäts-Strasse 8.

1883.

Die Geschichte der klassischen Völker ist eine Weltgeschichte im Kleinen, so inhaltreich und übersichtlich, daſs wir auch für die Aufgaben unserer Zeit immer Neues lernen, je eifriger wir nachforschen, wie es den Alten gelungen ist, die von der Natur dargebotenen Vortheile zu verwerthen und die Gefahren zu vermeiden. Denn die natürlichen Gaben können alle zum Segen wie zum Unsegen werden.

Was bewundern wir mehr im Archipelagus als die gegenseitige Durchdringung von Meer und Land und schon an der Riviera rufen wir entzückt: Das ist ein griechisches Gestade! Themistokles beklagte, daſs seine Vaterstadt nicht ganz im Meer auf vorspringender Halbinsel angelegt sei, und suchte diesen Nachtheil nach Möglichkeit wieder gut zu machen; aber schon in Platons Gesetzen — welch ein Widerspruch! — wird der Satz aufgestellt, daſs eine Stadt, welche in Ehrbarkeit und guter Sitte sich selbst treu bleiben wolle, mindestens zwei Meilen vom Strande entfernt sein müsse, und die philosophischen Staatslehrer waren einstimmig, die Meeresnähe als eine verhängniſsvolle Mitgift, als die Ursache der Entartung des Volks und seines sittlichen Verfalls anzusehen. Die Einseitigkeit dieser moralisirenden Betrachtung hat schon Aristoteles gerügt, und wir sind Alle mit ihm der Überzeugung, daſs, wo menschliches Leben sich voll und reich gestaltet, mit den Keimen, welche Blüthe und Frucht treiben, unvermeidlich auch die Ursachen des Vergehens sich entwickeln. Der Geschichtsforscher aber hat das Recht und die Pflicht,

1*

vor Allem das Werden in's Auge zu fassen, die mit der Arbeit wachsende
Energie des gesunden Volksgeistes in Erledigung grofser Culturaufgaben,
und ihr folgen wir nirgends mit höherer Bewunderung, als wenn wir
sehen, wie die Hellenen mit zäher Ausdauer alle Schrecken des Meeres
überwinden, seine wüsten Flächen in Strafsen des täglichen Verkehrs um-
wandeln, alle Hafenplätze ringsum aufspüren und durch ihre Besiedelung
die Nachbarvölker in den Kreis einer höheren Lebensordnung einführen,
die Mängel ihrer Heimath ergänzen, ihre Hülfsquellen mehren, ihren Ge-
sichtskreis stetig erweitern und während langer Friedenszeiten kühnen
Unternehmungssinn in Übung halten.

Die Durchführung dieser Arbeit ist die gröfste Leistung der Hellenen, die den Glanz der glorreichsten Siegestage erbleichen läfst. Denn
bei ihnen war ja die Colonisation nicht etwas Gelegentliches, das hie und
da unter besonderen Verhältnissen zu Stande kam, sondern ein wesent-
liches Stück ihres Lebens, Jahrhunderte lang in allen Formen durchge-
bildet, und darum ist es noch heute eine der anziehendsten Aufgaben,
den Hellenen als den Vorbildern und Meistern der Colonisation durch die
verschiedenen Stadien ihrer nationalen Arbeit zu folgen.

Das Ostbecken des Mittelmeers ist die natürliche Schule überseeischer Colonisation; denn nirgends ist das hüben und drüben so nahe
bei einander. Alle Gestadeländer sind seewärts offen und einladend, landeinwärts aber geschlossen und verriegelt, so dafs die vorspringenden Halbinseln mit ihren Gegengestaden enger zusammenhingen, als mit den Continenten, deren Ausläufer sie sind.

Darum aber glaube man nicht, dafs den Hellenen ihre Erfolge
mühelos in den Schofs gefallen seien. Sie haben saure Lehrjahre durch-
gemacht und die Meeresnähe lange Zeit wie einen Fluch empfunden. Das
mufste sie ihnen sein, so lange fremde Völker das Meer beherrschten,
phönikische Kaperschiffe urplötzlich im Morgennebel auftauchten, die Eingeborenen mit buntem Tand an den Strand lockten, die Söhne und Töch-
ter des Landes in unerreichbare Ferne fortschleppten. Auch in gröfserer
Zahl wurden sie fortgeführt, um fremder Colonialpolitik als Material zu

dienen, bis sie allmählich ihren Feinden das Handwerk ablernten, eigene Schiffe zimmerten und sich schaarenweise zusammenthaten, um in steten Beutezügen die erlittene Unbill an . den älteren Seevölkern zu rächen. Als 'Kinder des Meers' tauchen sie im 14ten Jahrhundert v. Chr. an den Nilmündungen auf und machen die Pharaonen, in ihren Säulenpalästen erzittern; die Namen des tyrrhenischen und des ionischen Meers sind noch heute Denkmäler von der Betheiligung griechischer Volksstämme an der ältesten Culturgeschichte europäischer Küstenländer.

Das war keine Colonisation, sondern ein wüstes Hin- und Her-ziehen von Stämmen, welche früher auf dem Meere heimisch waren als im eignen Lande, unstät wie die Welle, die an keinem Strande haftet. Erst allmählich bilden sich engere Kreise mit festerem Zusammenhange, Insel- und Küstensäume mit heiligen Mittelpunkten, wie es die Insel De-los war, und im elften Jahrhundert ziehen aus allen Häfen der griechi-schen Halbinsel die dichten Züge von Insel zu Insel nach dem asiatischen Festlande hinüber. Das sind keine Freibeuter mehr, keine in fremde Volksmassen sich verlierende Schaaren von Abenteurern, sondern politisch entwickelte Stämme, welche auf uraltem Boden griechischer Nation eine neue Heimath suchten und sich die besten Lagen auswählten, um Städte zu gründen, die nun nicht mehr wie die mutterländischen sich ängstlich vom Strande fern hielten, sondern keck an die See vorgeschoben, auf See-fahrt und Seeherrschaft berechnet, auch nicht von einzelnen Stämmen ausgehend, sondern unter Betheiligung aller Hauptzweige der Nation, der Aeolier, Dorier, Ionier, Stadt an Stadt gereiht, ein neues Griechenland Angesichts des alten.

Welch ein Fortschritt im Vergleich mit jenen Beutezügen, in de-nen griechische Schaaren, wie die Wikinger der ägeischen See, zuerst in der Geschichte auftauchen! Aber auch diese Gründungen sind noch Ergebnisse grofser Volksbewegungen, welche, vom nordischen Alpenlande ausgehend, die ganze Halbinsel durchwogten und erst in . dem Doppel-griechenland diesseits und jenseits des Meers zur Ruhe kommen. Es wa-ren Colonien ohne Mutterstädte, sie gehören noch dem griechischen

Mittelalter an, wo in gährender Unruhe die Völkerschaften ihre festen Wohnplätze suchten.

Mit dem neunten Jahrhundert ist Hellas äufserlich fertig, der Schauplatz hellenischer Geschichte naturgemäfs abgegränzt. Diese Gränzen waren aber nicht im.Stande, die Schranken zu bilden, innerhalb derer sich die anwachsende Volkskraft zurückhielt. Jetzt treten einzelne Städte hervor, welche ihren Beruf darin erkennen, die Schranken zu durchbrechen, den Überschufs an jungem Volk auswärts zu leiten und durch eine grofse Rhederei die Auswanderungshäfen ihrer Umlande zu werden. Das war der Anfang städtischer Colonisation; dafür ist das achte Jahrhundert das epochemachende.

Milet war die erste Königin der Meere; dann Chalkis am stillen Fahrwasser von Euboia. Von Chalkis erhielt Korinth den Anstofs. Denn in Hellas wurde ja Alles ein Gegenstand des Wettkampfes und bald gab es keinen günstig gelegenen Ort, von wo nicht aus enger Bucht die Seestrafsen in das Weite gebahnt wurden. Was man draufsen suchte, waren sehr reale Gegenstände. Denn die Städte waren diesseits und jenseits so dicht an einander gereiht, dafs sie bei rasch anwachsender Volksmenge aufser Stande waren, sich auf eigenem Grund und Boden die nöthigen Hülfsquellen zu verschaffen. Man suchte und fand sie in den Gegenden, die von der Heimath am verschiedensten waren, in den breiten Stromthälern südrussischer Steppen .wie im Delta des Nillandes. Hier fand sich unerschöpflicher Vorrath an Korn, an Fischen, an Holz, Metall und allem für den Schiffbau nöthigen Material. Die Colonien wurden überseeische Vorstädte der Mutterstadt, für den täglichen Bedarf unentbehrlich.

Aber das Bedürfnifs war nicht der einzige Antrieb; der Gottesdienst gab die Weihe. Als Apollodiener sind die Hellenen ihrer geistigen Überlegenheit sich bewufst geworden und damit auch der Verpflichtung, den heilbringenden Dienst auszubreiten. Die Errichtung eines Apolloaltars war das Erste, wodurch der fremde Strand an Hellas geknüpft wurde. Jede Stadtgründung war eine Mission.

Darum galten in Delphi die Männer, welche das Wasser der Are-
thusa tranken, d. h. die Bürger von Chalkis, für die Besten aller Hellenen, weil sie am kühnsten Propaganda machten am Strande von Thra-
kien wie am Aetnafufs und am campanischen Golfe.

Die Colonisationsarbeit, die das achte und siebente Jahrhundert
ausfüllte, war eine Heldenzeit der Hellenen, eine ununterbrochene Reihe
von Feldzügen, in denen sie die Gluth tropischer Sonne wie des Nordens
Winterkälte ertragen und die wildesten Völker bändigen lernten. Es war
die Zeit, wo sie aus der Enge ihrer Heimathskreise heraus Natur und
Menschenwelt überblicken lernten. Die Dichter des achten Jahrhunderts
priesen die stolzen Wogen des Borysthenes und in den Hafenplätzen
Ioniens gediehen die ersten Keime vergleichender Länder- und Völker-
kunde, der Naturforschung und Philosophie.

Es war aber die Ausbreitung des Volks, auch wenn sie sich bis
an die Mündungen der Rhone und des Guadalquivir erstreckte, keine
Lockerung des Volksganzen und keine Auflösung der natürlichen Gemeinschaft, sondern die Hellenen wurden sich jetzt erst klar über ihren an-
geborenen Besitz; sie lernten sich fühlen als ein gottbegnadigtes Geschlecht,
körperlich wie geistig zur Herrschaft berufen. Es war eine Verklärung
und Vergeistigung ihres Heimathsgefühls, indem es nicht mehr an der
Scholle klebte. Weit getrennte Städte fühlten sich als Kinder eines Hau-
ses, weil sie vom Stadtherde der Mutterstadt ihr Feuer empfangen hatten, weil sie an denselben Tagen denselben Gottheiten opferten, dieselben
Gesetze und bürgerlichen Ordnungen hatten, weil sie ihren Kindern die
schönen Sagen von Iphigeneia und der irrenden Io erzählten, weil sie
Alle einen Homer hatten. In der Colonisation ist der Heldenmuth er-
wachsen, kraft dessen die Phokeer sich jenseits des Meers eine neue Heimath suchten und Themistokles den Spartanern mit dem Abzug der
Flotte nach Italien drohte, wo aus freien Athenern ein neues Athen er-
stehen würde.

Das ist das Gesamtresultat der Colonisation für die Geschichte des griechischen Volks. Sie wurde aber in einzelnen Staaten in besonderer Weise als ein Zweig politischer Kunst ausgebildet.

Zunächst in Korinth.

Die Korinther, am schmalen Gebirgsrande angesiedelt, waren von Anfang an mehr draufsen als daheim zu Hause, und schon in den Zeiten, da die Geschlechter überall das Stadtregiment führten, gab es hier, und nur hier, eine Aristokratie, deren Grundbesitz Werfte und Seeschiffe waren, die von fernen Küsten das Rohmaterial einführten, und in einheimischen Fabriken verwertheten. Die eigene Unzulänglichkeit wurde die Quelle von Macht und Reichthum: Denn das Stadtgebiet wurde auf die jenseitige terra firma, die üppige Achelooslandschaft, ausgedehnt; aufserhalb des Golfs ging es von Insel zu Insel weiter; feste Plätze wurden in zweckmäfsigen Entfernungen angelegt, Land- und Seestrafsen gebahnt, hemmende Landzungen durchstochen. Kriegsschiffe sicherten den Handelsverkehr und so gestaltete sich von der kleinen Winkelstadt in der Tiefe des Golfs ein Reichsgebiet, das sich über drei Breitengrade nach Norden erstreckte und seine Handelsverbindungen bis an den Alpenfufs ausdehnte.

Korinth war das antike Venedig. Durch alle Stadien seines Verfassungslebens war die Politik des Staats wesentlich Colonialpolitik. Während der Geschlechterherrschaft dienten die überseeischen Plätze, um die Elemente der Gährung zu entfernen; die Tyrannen errichteten Secundogenituren in den bestgelegenen Küstenorten und die Republik förderte dieselbe Seepolitik im Geiste kaufmännischer Speculation. Aus den bäuerlichen Umlanden sammelte sich das wanderlustige Volk, wenn eine neue Gründung angesagt wurde; die Pflanzbürger bildeten Handelsgesellschaften, welche zu bestimmten Zeiten Commissare ausschickten, die mit einem caravanenartigen Gefolge in das Binnenland zogen, um im Interesse der Gesellschaft korinthische Manufacturen gegen die Rohstoffe umzutauschen, welche die Eingeborenen auf den Markt brachten.

Auch die in der Heimath Zurückbleibenden konnten sich an überseeischen Gründungen betheiligen, indem sie Geldbeiträge einzahlten. So wurde auch das kleine Capital herangezogen und die Colonisation wie ein Aktiengeschäft behandelt; so nahm auch die ländliche Bevölkerung an den wichtigsten Unternehmungen des Staats mittelbaren Antheil. Das weite Handelsgebiet der Kaufmannstadt wurde durch Münzeinheit zusammengehalten, und kluge Schonung der Pflanzstädte mit festem Zusammenhang nach Möglichkeit vereinigt. Die Politik war ihrem Wesen nach eine Friedenspolitik. Aber das Meer läfst sich nicht sperren wie ein Gebirgscanton. Drangen fremde Mächte in den Insel- und Küstenbezirk der Seestadt ein, so mufste sie sich mit voller Energie zur Wehr setzen, der Löwin gleich, der man die Jungen raubt — und dieser Einbruch erfolgte von Athen.

Athen war kein Staat, dem die Seemacht etwas Unentbehrliches war, wie Korinth. Athen konnte als Landstadt bestehen, und was in Korinth sich von selbst machte, war in Athen ein neuer, schöpferischer Gedanke hervorragender Staatsmänner und das Ergebnifs ganz besonderer Verhältnisse. Als aber Athen aus seinen engeren Kreisen heraustrat und seemächtig wurde, waren nach zwei Jahrhunderten rastloser Colonisationsthätigkeit alle wohlgelegenen Küsten dicht besetzt. Es kam also darauf an, andere Ansprüche als die der Mutterstadt geltend zu machen, um weitzerstreute Küstenorte zu einem Ganzen zu vereinigen. Das war der nationale Gedanke, den die kleine Bürgergemeinde am Ilissos aufnahm; es war die heilige Pflicht der Abwehr gegen das Vordringen der Barbaren, die nur gelingen konnte, wenn die vereinzelt wehrlosen Städte den einzigen, zur Führung berufenen Staat als Vorort anerkannten.

Nachdem die Gewaltpolitik des Themistokles aufgegeben war, kam durch Aristeides und Kimon eine ganz neue Art von Colonialverband zu Stande. An Stelle der Blutsverwandtschaft trat ein geistiges Band, auf freiem Anschlufs beruhend, eine aus den verschiedensten Stämmen zusammengesetzte Bundesgenossenschaft, um den Tempel des Apollon vereinigt; an Stelle einer auf Geldwirthschaft gegründeten Kaufmannspolitik eine nationale Aufgabe ersten Rangs, die Freiheit des griechischen Mannes, die Sicherheit hellenischer Cultur den ländergierigen Barbaren gegenüber. Es war das verklärte Bild eines Colonialreichs, in welchem dem anerkannt ersten Staate die mutterstädtischen Rechte als Ehrengabe frei- willig übertragen wurden.

Es liegt in der Natur der menschlichen Dinge, daſs dieser ideale Zustand nicht lange ungetrübt dauern konnte. Die Verhältnisse waren so zart und schwierig, daſs sie nur von der Hand eines überlegenen Staatsmanns glücklich behandelt werden konnten. Nur ein Mann wie Perikles war im Stande, milde Schonung mit unerbittlicher Strenge rich- tig zu verbinden. Er verfolgte auch zuerst den groſsen Gedanken, die Wahl-Mutterstadt so mit Kunst und Weisheit auszustatten, daſs sie gleich- sam die Sonne wurde, um welche sich wie nach einem Naturgesetze die Insel- und Küstengemeinden ordneten. Er sorgte dafür, daſs mehr und mehr Landgebiet, entweder solches, das nach Kriegsrecht eingezogen oder durch besondere Verträge erworben war, in Ackerloose getheilt, zur An- siedelung attischer Colonisten benutzt wurde. Dadurch wurde Athen nachträglich eine wirkliche Mutterstadt der Inseln. Diese Neubürger gin- gen aber nicht in die ältere Bevölkerung auf, sondern sie blieben Bürger von Athen. Die Hauptstadt wurde vor Übervölkerung beschützt; Mit- glieder der untersten Vermögensklassen wurden Grundbesitzer und ihre Ansiedelungen die festesten Stützpunkte attischer Seemacht; es waren überseeische Gaue von Attica.

Als Vorort zur See konnte Athen auch die westlichen Golfe und Meere nicht auſser Acht lassen. Korinth, der einzige gefährliche Neben- buhler, muſste in Schach gehalten werden. Seine abtrünnigen Colonieen wurden in Bundesgenossenschaft aufgenommen und am Ausgange des Golfs von Lepanto erwuchs in dem mit Messeniern bevölkerten Naupak- tos Korinth gegenüber ein attischer Waffenplatz.

In Groſsgriechenland hatte sich das Hellenenthum auf eigenthüm- liche Weise entwickelt. Weise Gesetzgeber hatten hier aus den bürger- lichen Satzungen der einzelnen Staaten des Mutterlandes das Beste ver- einigt, um solche Verfassungen herzustellen, in denen jede hellenische Be- völkerung ihre Befriedigung finden konnte. Das war ein ungemein wich-

tiger Fortschritt griechischer Kultur, wie er nur in den Colonien zu
Stande kommen konnte. Hier knüpfte Perikles an. Alt-Sybaris wurde
als Thurioi erneuert; eine attische Pflanzstadt, aber eine gesamtgriechi-
sche Bürgerschaft; Arkader, Eleer, Böotier, Athener wohnten hier nach
den Gesetzen der Charondas zusammen, die erste nationale Stadt der
Hellenen, gebaut von Hippodamos, der zuerst nach einem wohl durch-
dachten und künstlerischem Plane hellenische Grofsstädte anzulegen ge-
lehrt hatte. In gleichem Sinne wurde Amphipolis am Strymon aus Griechen verschiedener Herkunft bevölkert. Es war der einzige Weg, um
Griechenland aus der verhängnifsvollen, aufreibenden Spannung innerer
Gegensätze zu befreien, sie über die Enge der Cantonalpolitik zu erheben
und an ein brüderliches Zusammenleben in gemeinsamen Staatsordnungen
zu gewöhnen.

Bei Athen war die Colonisation kein natürlicher Prozefs wie in
Korinth; ursprünglich ohne eigene Colonien, hat es dann in Folge seiner
staatlichen Entwickelung die Erbschaft der andern Seemächte angetreten,
alle Erfahrungen älterer Zeit sich zu eigen gemacht und so das hellenische Colonialwesen nach seiner sozialen und politischen Seite zu der
höchsten Vollendung geführt, in der sie für alle folgenden Zeiten mafsgebend und vorbildlich war.

Naupaktos war schon eine strategische Colonie; es war wesentlich
Waffenplatz und Angriffspunkt.

In diesem Sinn folgte Theben, als es in eine vorörtliche Stellung
eintrat, indem der dem Perikles geistverwandte Epameinondas die ver-
sprengten Messenier in ihrer alten Heimath sammelte und den bäuerlichen Cantonen Südarkadiens einen städtischen Mittelpunkt gab. Durch
Messene und Megalopolis wurde Sparta in eine Art von Belagerungszu-
stand versetzt, wie einst Korinth durch Naupaktos; und durch ihre mit
allem Aufwand von Kunst befestigten Pflanzstädte herrschten die Theba-
ner in der dorischen Halbinsel.

In Theben lernte Philippos, des Amyndras Sohn, die Überlegen-

2*

heit hellenischer Politik und die auf ihr beruhende Siegeskraft kennen und für seine Dynastie verwerthen.

Mit der Gründung von Philippi im thrakischen Bergwerksdistrikt trat Macedonien in die Bahn hellenischer Colonisation ein; es war der Erstling jener Reihe von Städten, deren Bau den folgenden Jahrhunderten ihr Gepräge gab. Denn die ganze weltgeschichtliche Entwickelung, die wir Hellenismus nennen, beruht ja wesentlich auf der bis an den Indus reichenden Kette neuer Städte. Sie waren die Pfosten, auf denen der makedonische Reichsbau ruhen sollte. Der Bau zerfiel, aber die Städte blieben, wo griechisch redende Bürgerschaften nach griechischen Gemeindeordnungen beisammen lebten. Es waren Colonieen ohne Mutterstädte. Wenn aber eine Mutterstadt gesucht wurde, der man nach altem Herkommen huldigen und an die das gemeinsame Heimathsgefühl sich anschliefsen konnte, so war es nur Athen, wohin der Blick sich richtete, die Stadt, welcher Perikles die Weihe gegeben hatte, die ihr als reichster Segen gefolgt ist. Durch die Liebe zu Athen wollten jetzt Fürsten und Völker sich als hellenisch gebildet legitimiren, und wir können behaupten, dafs keinerlei vorörtlichen Rechte allseitiger und dauerhafter anerkannt worden sind als die dieser geistigen Metropolis. Sie war der heilige Herd in dem grofsen Hause, das alle hellenisch Gebildeten wie eine Völkerfamilie umschlofs. —

So erkennen wir, rückwärts schauend, von der Zeit an, da Griechenland fremden Seevölkern als Material für ihre Colonisation diente, eine zusammenhängende Entwickelung, die für die Gesamtgeschichte der Mittelmeervölker mafsgebend geworden ist, ja Alles, was für die Geschichte der Menschheit im Alterthum geleistet worden ist, steht mit den Colonieen der Griechen in unmittelbarem Zusammenhang. Sie haben die Erfindungen des Morgenlandes, vor Allem Schrift und Mafs, zu einem Gemeingut der Völker gemacht. Sie haben, was sie überkommen und was sie neu geschaffen, als fruchtbaren Samen an allen Küsten ausgestreut und zwar in doppelter Weise. Zuerst in zerstreuten Niederlassungen von abenteuernden Schaaren, die den Binnenvölkern auf die Dauer nicht widerstehen konnten. Sie haben also den ausgestreuten Saamen nicht in eigenem Gehege aufziehen können. So war es in Mittel- und Norditalien, wo sie, von der etruskischen Volksmasse überwältigt, ihre Selbständigkeit frühzeitig einbüſsten, und kaum können wir hie und da die Stätten nachweisen, wo sie gesessen haben. Verloren aber war die Aussaat nicht. Von den Etruskern gesammelt, wurde der Ertrag landeinwärts getragen. Das tarquinische Rom war voll von griechischer Kunst, und nach griechischem Staatsrecht wurde die Stadt der Quiriten Vorort von Latium. Aus den Felsgrüften Mittelitaliens, wo keine Griechenstadt vorhanden war, taucht in tausendfachen Bildern griechisches Leben an das Tageslicht hervor und die Poesie hellenischer Seefahrtslegenden webt um die ganz entfremdeten Völker noch ein zartes Band uralter Blutsverwandtschaft, die in sporadischen Ansiedelungen wurzelt.

Ungleich deutlicher ist der überseeische Einfluſs in der zweiten Form; dort, wo unter günstigern Verhältnissen den Hellenen vergönnt war die Keime des nationalen Lebens in selbständigen Gemeinwesen zur Entwickelung zu bringen, wo griechisches Stadtleben sich eigenartig und so üppig entfaltete, daſs die Groſsgriechen mitleidig auf die Städte des Mutterlandes hinüberblickten. Ausnahmsweise haben diese Coloniestädte eine bewundernswürdige Dauerhaftigkeit bewährt, wie z. B. Chersonnesos in der Krim, das sich bis tief in das Mittelalter hinein erhielt, wie die Mumie einer Griechenstadt. In der Regel war das Leben glänzend, aber kurz. Die inwohnende Lebenskraft bewährte sich aber darin, daſs sie, wenn sie mit groſsen Reichsbildungen in Conflict kamen, auch in der Niederlage die Sieger blieben, wie die Purpurmuschel sterbend den Saft giebt, mit dem die Groſsen der Erde ihr Triumphkleid färbten. Als Tarent gefallen, wandelte Rom sich um, schloſs sich an griechische Münze, an griechische Gemeindeordnungen und Gottesdienste an. Im groſsgriechischen Coloniallande bereitete Rom sich vor, die Weltherrschaft zu übernehmen. Nachdem durch griechische Colonisation auch das Morgenland eine gleichartige Cultur erhalten hatte, konnte der römische Kaiser den ersten Weltcensus halten und die Sprache der Hellenen war in dem

Grade Weltsprache geworden, daſs in ihr allen Völkern der Erde das Evangelium verkündet werden und damit ein neuer Welttag anbrechen konnte.

So knüpfen sich an die Colonien der Griechen alle weltgeschichtlichen Thatsachen an, welche das Alterthum erfüllen und über dasselbe hinaus tief in unser Leben hineinreichen. —

Wie von einer hohen Warte haben wir das Hin- und Herwogen der Stämme und Völker am Mittelmeer überschaut, und einer solchen Betrachtung werden Sie, wie ich hoffe, nicht widerstrebend heute gefolgt sein. Denn wie der Bürger an festlichen Tagen sein Handwerksgeräth ablegt, die enge Werkstube verläſst und sich in freier Natur umschauend seiner Muſse freut, so ziemt es auch einer deutschen Universität, wenn sie im Feierkleide sich versammelt, ohne den Boden ernster Wissenschaft zu verlassen, sich in freierem Umblick zu vergegenwärtigen, was durch treuen Fleiſs im Kleinen allmählich an Anschauungen gewonnen ist, die den Zusammenhang der menschlichen Dinge umfassen und darum Allen nahe liegen, welche nach Wahrheit und Erkenntnſis streben.

Kaiser Wilhelm's Geburtsfest ist ein Tag, an dem wir Alle nur von einem Gefühle beseelt sind, daſs wir unser deutsches Vaterland, das wir Ihm verdanken, das glorreich gegründete, in Eintracht mehr und mehr sich befestigen, immer kräftiger gedeihen und erstarken sehen wollen.

Nächst den Griechen hat kein Volk der Erde das, was es an Kraft besitzt, so zu einem Gemeingute der Menschheit gemacht, wie die Deutschen. Nach allen Richtungen haben sie den Ocean, der unser Mittelmeer ist, überschritten; in allen überseeischen Continenten haben sie die Wälder gelichtet, den Boden urbar gemacht, den Samen ausgestreut. Vaterlandslos, wie sie waren, haben sie sich unter fremdem Volk verloren und bei dem Ausbau fremder Staaten als tüchtigste Werkmeister gearbeitet.

Seit Kaiser Wilhelm ist es anders geworden. Seit Er das Reichsbanner entfaltet hat, verläugnen die Überseeischen ihr Vaterland nicht mehr; sie fühlen sich stolz als Deutsche, sie reichen uns über den Ocean brüderlich die Hand, sie theilen mit uns Freude und Leid.

Aber noch immer sind sie, wie die Hellenen an den etruskischen Küsten, Colonisten der Diaspora, kraftvolle Zweige vom Baum geschnitten, auf fremden Stamm gepfropft, um seine Krone zu füllen, Bausteine fremdländischer Staatengründungen, und wir fühlen Alle, wie schwierig es für uns ist das nachzuholen, was in günstigen Zeiten zu erreichen uns versagt war.

Wenn es uns aber gelingen wird — und an Kaiser Wilhelm's Geburtstag haben wir hohen Muth und starke Hoffnung —, daſs der Überschuſs deutscher Volkskraft in überseeischen Ansiedelungen beisammen bleibt und selbständig wirkt, dann sollen die Griechen in der rastlosen Energie, in dem festen Zusammenhange, den sie unterhielten und in der unauslöschlichen Heimathstreue uns ein Vorbild sein, wenn wir auch keinem Volke wünschen können, daſs die Colonieen eine solche Rolle bei ihm spielen wie bei den Hellenen.

Bei ihnen ist ein übergroſser Theil des Volkslebens in Colonialgeschichte aufgegangen und darum von auswärtigen Verwickelungen abhängig gewesen. Darum sind alle gröſseren Volkskriege, der troische, der lelantische, der persische und der peloponnesische, Colonialkriege gewesen und die Politik der hervorragendsten Städte war wesentlich Handels- und Colonialpolitik, weil sie, wie heute die englische Mutterinsel, ohne die Pflanzstädte gar nicht bestehen konnten. Das innere Gebirgsland war nur wie ein Magazin, in welchem sich, von städtischem Leben entlegen, unverbrauchte Naturkraft erhielt, wie noch heute das dortige Volksleben darauf beruht, daſs aus dem Hochlande die begabteren Leute in die Küstenstädte zuwandern, das Volksleben erfrischen und dann selbst wieder in das Seevolk aufgehen.

Wer kann verkennen, daſs die hellenische Volksentwickelung keine normale war, daſs die excentrische Richtung des Volkslebens überwucherte und daſs die Unzulänglichkeit des eigenen Bodens eine dauernde Unruhe hervorgerufen hat, wie sie ähnlich bei den Phöniziern stattgefunden hatte, und eine weite Zerstreuung der besten Volkskräfte, die für die Nachwelt ein Segen war, für das Volk selbst ein Keim des Untergangs! Haben wir doch oft den Eindruck, als wenn es mehr für Andere als für sich selbst gelebt und gearbeitet hätte!

Unser Volk in seinem grofsen binnenländischen Vaterland bildet den vollkommensten Gegensatz zu hellenischer Landbildung mit ihren Vortheilen und Gefahren. Uns ist es nicht so leicht geworden, wie den glücklicher gestalteten Nachbarländern an Seefahrt, Welthandel und der damit verbundenen Blüthe einheimischer Gewerbe Theil zu nehmen.

Die Schwierigkeit der Aufgabe steigerte sich durch die Zerrissenheit des Vaterlandes und die sich überall kreuzenden Sonderinteressen der Einzelstaaten.

In der heutigen Feierstunde erkennen wir von Neuem dankbar und freudig an, dafs Alles anders geworden ist; wir danken Gott, dafs unter dem Scepter des Reichsgründers in einem neuen Friedensjahre die deutschen Stämme und Staaten mehr und mehr in einander wachsen und in friedlichem Wetteifer die Fülle ihrer Kraft entwickeln konnten, wir danken unserm Kaiser und Herrn, dafs Er mit selbstloser Hingebung und festem Muthe Seines hohen Amtes wartet. Wir erflehen von Gott, dafs unserm theuern Kaiser auch im neuen Lebensjahre die rüstige Kraft erhalten bleibe und wir geloben für uns und für die deutsche Jugend, die um uns versammelt ist, dafs Jeder von uns an seiner Stelle die volle Kraft einsetzen wird, das kaiserliche Werk und damit die Wohlfahrt des Vaterlandes zu fördern. Gott behüte und erhalte unsern geliebten Kaiser! Gott segne Kaiser Wilhelm und Sein erhabenes Haus!

*Cover - 2 together*

*Überreicht vom Verfasser.*

# SITZUNGSBERICHTE

1882.
**XLIII.**

DER

## KÖNIGLICH PREUSSISCHEN

# AKADEMIE DER WISSENSCHAFTEN

ZU BERLIN.

Sitzung der philosophisch-historischen Classe vom 9. November.

## Die Griechen in der Diaspora.

Von E. Curtius.

# Die Griechen in der Diaspora.

## Von E. Curtius.

(Vorgelegt am 9. November [s. oben S. 941].)

Man hat die Geschichte der Hellenen innerhalb und ausserhalb Hellas nach allen Seiten durchforscht, aber ein Capitel derselben ist noch nicht zusammenhängend behandelt, d. i. die sporadische Ausbreitung des griechischen Volks ausserhalb seines Heimathsbezirks, die der Colonisation vorangegangen ist und neben ihr fortbestanden hat. Sie gehört grösstentheils einer prähistorischen Periode an, aber sie ist reichlich und mannigfach bezeugt, durch neuere Funde neu beleuchtet; ihr Verständniss ist für die Culturgeschichte des Mittelmeers unerlässlich und es handelt sich um eine Reihe von Thatsachen, die nur im Zusammenhange beurtheilt werden können, um manche unrichtige Vorstellungen zu berichtigen. Denn man denkt noch immer: Wo keine Griechenstadt, auch kein Griechenvolk: man sieht Philhellenismus, wo Blutsverwandtschaft vorhanden ist; man begegnet noch immer der Ansicht, als wenn die Colonisation der Anfang griechischen Einflusses im Auslande sei und der letzte Platz einer Colonienreihe die Grenze, wo griechische Ansiedelung und griechischer Einfluss plötzlich aufhöre. Die Stadtgründung ist vielmehr der Schluss einer langen Arbeitszeit, in welcher der Völkerverkehr begründet und der Same ausgestreut worden ist, ein Abschluss, wie er nur in günstigsten Fällen gelingt. Ἡ πόλις οὐ τῶν τυχόντων; sagt Aristoteles, d. h. nicht die Ersten, Besten bringen ein Gemeinwesen zu Stande; nicht aus jedem Abenteurerhaufen erwächst eine Bürgerschaft. Die Geschichte verzeichnet die glücklichen Erfolge. Aber wir kennen doch den Schreckenstag von Alalia; wir kennen die Verwilderung der fremden Ansiedler in Sardinien und Illyrien und selbst den Namen dessen, der den ersten verfehlten Versuch machte, Sinope zu gründen.[1]

Die Colonien sind zu Stande gekommen, nachdem durch Anstrengung vieler Generationen der Gegensatz von hüben und drüben so gut wie aufgehoben war und das trennende Meer wie ein eigenes, eine θάλασσα οἰκεία, angesehen werden konnte. Auch pflegte man damit

---

[1] Skymnos Ch. 948.

nicht über diejenigen Breiten hinauszugehen, wo die Hellenen, von ihrer Vegetation umgeben, nach hellenischer Weise leben konnten, während der Handel gerade solche Gegenden aufsuchte, die von den Heimathländern grundverschieden sind und ihre Mängel ergänzen konnten, wie die Deltaländer nordischer Ströme.

Die Vorzeit der Colonisation ist also die inhaltreichste Entwickelungsperiode, wo es sich um die Geschichte von Seevölkern und Binnenmeeren handelt. Was wüssten wir von den Normannen, wenn wir nur ihre einzelnen Reichsgründungen kennten und nichts von den Vikingerzügen wüssten, durch die sie des Meeres Herren wurden, und wie mangelhaft wäre gar unsere Kenntniss von der Geschichte des baltischen Meers, wenn wir die Städte der Hanseaten auf den Inseln und Küsten ins Auge fassten, aber nicht die kleineren Stationen, Stapelplätze und Verkehrsmärkte!

Ich denke nicht daran, die grosse Lücke, welche in der alten Geschichte der Mittelmeerküsten vorhanden ist, ausfüllen zu wollen. Ich bescheide mich, für diese Aufgabe einige Gesichtspunkte aufzustellen. Sie kann nur allmählich gelöst werden. Es kommt aber durch monumentale, linguistische, botanische Untersuchungen immer neues Material zusammen, und seit 50 Jahren mehren sich ununterbrochen die Zeugnisse griechischer Cultur in Gegenden, die keine Colonialgebiete waren, die vestigia graeci moris, wie sie Justinus am ganzen Rande Italiens anführt.

Die Anfänge der Diaspora gehören einer Zeit an, da die Völkerschaften noch keine geschlossene und ausgeprägte Nationalität bildeten, und das der sporadischen Ausbreitung Charakteristische liegt darin, dass es Stämme sind, die ohne einen festen Ausgangspunkt und bestimmte Ziele in gewissen Richtungen sich bewegen und die Grenzen des Heimathsbezirks überschreiten.

Der älteste uns bekannte Schauplatz griechischen Seevolks ist aber der Archipelagus, den die Griechen als Ionier sich zu eigen gemacht haben. Die ionische Panegyris auf Delos ist die erste Thatsache, die aus der Vorzeit in die Geschichte hereinreicht. Wer nur einmal das Inselmeer durchfahren hat, kennt die Unmöglichkeit, durch dasselbe eine Grenzlinie zu ziehen, welche als Völkerscheide dienen könnte, und schon Böckh hat in seinen Forschungen über die Alterthümer von Delos es für undenkbar erachtet, dass diese Amphiktyonie einer nachhomerischen Zeit angehören und als Resultat der Wanderung anzusehen sei, der die Zwölfstädte Ioniens ihren Ursprung verdanken.

In den griechischen Seebezirk haben die Karer sich eingeschoben und Theile derselben zeitweise überschwemmt. Bei der Reinigung

von Delos war man überrascht, so viele Gräber zu finden, die sich
durch ihre Einrichtung von den andern herkömmlichen unterschieden
und einer stammfremden Völkerschaft angehören mussten.

Die Ausdehnung des Seebezirks erfolgte nach Süden, den vor-
herrschenden Winden und Strömungen gemäss. Stephanos kennt
'ionisches Meer' zwischen Gaza und Aegypten und der Geograph, den
Himerios excerpirt, bezeichnet es von Aegypten an als Westgrenze
des asiatischen Continents. Vom tyrischen Strande lässt Euripides
die phönikischen Frauen nach Böotien gelangen, und Cypern, das
neuerdings dem griechischen Stamm- und Sprachgebiete wieder zu-
geeignet ist, spiegelt sich nach Claudian mit seinen Bergen in ionischem
Meer.[1]

Um die Küsten des Peloponneses, des Ἴασον Ἄργος, folgen wir den
Spuren seefahrender Ionier bis Illyrien hinauf, von dem ein Theil
Ἰάς hiess, die Einwohner Ἰᾶται und Ἰωνικοί. Wenn Himerios, die
Thaten der alten Ionier preisend (Or. XI), von ihnen sagt: »sie haben
durch das ägäische Meer Bahn gemacht und das ionische Meer als
Ansiedler Siciliens durchfahren«, so findet er in dem Namen eine
Erinnerung an die Entdeckungsfahrten der Chalkidier; die Alten also,
welche den Namen des ionischen Meers für die beiderseitigen See-
gebiete gebrauchten, zweifelten nicht an dem Zusammenhange des
Volksstamms mit dem Namen der Westsee, welcher sich schon zu
Hellanikos' Zeit bis an die Pomündung erstreckte. Das von gram-
matischem Standpunkt aus gegen den Zusammenhang erhobene Bedenken
ist aber, wie ich glaube, durch den Nachweis erledigt, dass von
IO nachweislich zwei Parallelbildungen ausgehen und neben der
längeren eine kürzere Form bestand, welche durch Ἰάς und Ἰαστί
bezeugt wird.

Als ich 1856 die Vorzeit des griechischen Seevolks, dem die
Ionier angehören, aufzuklären suchte, wies ich darauf hin, wie festere
Thatsachen für die Anfänge griechischer Seefahrt nur aus den Annalen
älterer Mittelmeervölker zu gewinnen seien, und, nachdem damals
die ersten Anknüpfungen versucht worden waren, sind nun, einstweilen noch in spärlichem Mafse, die Urkunden Aegyptens aufgeschlossen,
welche in die ersten Zeiten des neuen Reichs zurückgehen. Seestämme
des Nordens sind darin an das Licht getreten, deren Nennung zum
ersten Male die Möglichkeit giebt, die Anfänge hellenischer Völker-
geschichte durch auswärtige Reichsannalen aufzuhellen.

Die von Rougé 1867 begonnenen Untersuchungen sind noch in
vollem Gange, und es steht mir nicht zu, den Grad von Sicherheit

---

[1] Himerius Ecl. XIII 70. Claudian. Rapt. Hel. 49. Letronne sur Dicuie S. 218.

zu bestimmen, mit dem die mannigfachen Völkernamen in den hiero-
glyphischen Texten gelesen und mit klassischen Namen zusammengestellt sind. Es kann nicht fehlen, dass neue Texte neues Licht
verbreiten werden. Einstweilen ist aber zu constatiren, dass nach
den Ergebnissen, welche auf Grund der Forschungen von Rougé und
Chabas Maspero in seiner Geschichte der morgenländischen Völker
zusammengestellt hat, und dem auch deutsche Forscher unbedenklich
zustimmen[1], ausser den Shardana die Dardaner und Turscha am
sichersten unter den Stämmen nachgewiesen sind, die zur Zeit der
Ramessiden vom Seestrande in ägyptisches Reichsgebiet eingefallen
sind. Sie treten nicht als selbstständige Macht auf, sondern als Haufen
von Abenteurern, die sich gelegentlich zu kriegerischen Unternehmungen
anwerben lassen, und es stimmt durchaus zur griechischen Überlieferung,
dass es die Libyer sind, welche sie gegen die Pharaonen gebrauchen;
denn mit der libyschen Küste finden wir die Seestämme des ägäischen
Meeres in uraltem Zusammenhange. Der von Allen am wenigsten
angefochtene Name der Dardaner, die unter Ramses II. auftreten,
bestätigt aber, was wir bei einem an der Strömung des Hellesponts
ansässigen, früh entwickelten Volke voraussetzen mussten, dass sie
nämlich unter den Küstenvölkern des ägäischen Meeres zu denen gehören, welche am frühsten Seefahrer geworden sind, wie dies von
griechischer Seite durch die vielbesungenen Raubzüge troischer Fürsten-
söhne bezeugt wird.

Konnten sie aber im vierzehnten Jahrhundert an fernen Küsten
thätig in die Geschichte eingreifen, so mussten sie von älteren Seevölkern das Seehandwerk erlernt haben, und ehe sie zu eigenen Beutezügen das Meer kreuzten, haben sie sich passiv am Weltverkehr
betheiligt, d. h. sie haben den Phöniziern als Material für ihre überseeischen Niederlassungen gedient, wo sie unter fremder Lehnshoheit
in besonderen Gemeinden lebten.

Im Zusammenhange mit der Landesgeschichte ist uns diese Thatsache nur für Sicilien durch Thukydides bezeugt. Dass sie aber an
wohlgelegenen Küstenpunkten mehrfach stattgefunden hat, bezeugen
an den verschiedenen Gestaden die wiederkehrenden Namengruppen.
An der attischen Küste lag der phönikischen Station Salamis ein Troia
gegenüber und an dem wichtigsten aller Häfen Liguriens finden wir
neben den Spuren einer phönikischen Station die Elymernamen Se-
gesta, Eryx, Entella in einer so geschlossenen Gruppe, dass von
einem zufälligen Zusammentreffen keine Rede sein kann.

Den heimathlichen Namen folgen die Sagen der Heimath, und
es erscheint mir als ein nicht unwesentlicher Gewinn, dass wir jetzt

---

[1] Vergl. L. Stern in der Allg. Zeitung 1882, Sonntag den 5. Juni.

an einem Punkte, wo dardanische Männer angesiedelt waren, in Aineia am thermäischen Golf durch eine Münze, die nicht jünger ist als die Mitte des sechsten Jahrhunderts die Aeneadensage als eine dort einheimische und echt volksthümliche Überlieferung urkundlich bezeugt sehen.[1]

Es ist gestattet, die Zeiten phönikischer Seeherrschaft, soweit sie für sporadische Ausbreitung griechischer Seefahrerstämme massgebend sind, in zwei grosse Gruppen zu sondern. Die eine Gruppe der Seestationen schliesst sich an die Göttin von Sidon, welche am Eryx und den damit zusammenhängenden Plätzen auftritt, die andere an den tyrischen Stadtgott. Die jüngere Periode ist im Gedächtniss der Mittelmeervölker lebendiger geblieben. Die in Ortsnamen weithin zerstreuten Spuren hat OLSHAUSEN scharfsichtig erkannt; geschichtliche Erinnerungen haben sich vorzugsweise in Sardinien erhalten, wo in der phönikischen Besiedelung als besonderer Bestandtheil neben den Barbaren die zur Urbarmachung des Bodens herbeigerufenen Iolaeer genannt werden, als βαρβάρων σύνοικοι, die aus Thessalien, Böotien, Attica hergeleitet und als ritterliche, sowie als kunstfertige Ankömmlinge charakterisirt werden. Iolaïden kennen wir als edle Geschlechter in Thespiae und, wie man auch über den Namen des Heros urtheilen mag, dürfen wir doch wohl annehmen, dass die Zeit einer engen Verbindung mit den Phöniziern, die griechische Tapferkeit und griechisches Talent zuerst anzuerkennen und zu verwerthen wussten, in der Kameradschaft der Iolaos und Herakles ihren mythischen Ausdruck erhalten hat.

Ein anderes Seevolk der griechischen Meere wird mit demselben Herakles eng verbunden, das sind die Tyrrhener oder Tyrsener. Auf sie ist neuerdings die Aufmerksamkeit von Neuem gelenkt, da in den ägyptischen Texten neben den Dardanern die 'Turscha vom Meer'. wie sie in den Kriegen von 1320 v. Chr. genannt werden, auftreten, welche von MASPERO und seinen Vorgängern und Mitforschern als Tyrrhener gedeutet werden. Auch hier wird weitere Bestätigung abzuwarten sein. Dagegen aber glaube ich schon jetzt Einspruch thun zu müssen, dass man dabei einstimmig an die Etrusker gedacht hat. Wir kennen die Tyrrhener als Freibeuter des ägäischen Meeres, auf allen Inseln und Küsten, hüben und drüben; als Sklavenhändler kennt sie der homerische Dionysoshymnus, die nach Kypros und Aegypten ihren Raub auf den Markt bringen; so konnten sie sich auch schon unter dem zweiten Ramses an libyschen Einfällen betheiligen, um dann in die königlichen Leibgarden eingestellt zu werden.

---

[1] FRIEDLÄNDER im Monatsbericht 1878 S. 749.

Als ihren Heimathsbezirk betrachtete man allgemein die lydische Küste, wo ein altes Tyrrha bezeugt ist, im Kaystrosthale, wo der asiatische Continent den Seevölkern zuerst zugänglich und bekannt wurde, wo die ältesten Verkehrsstrassen sich begegneten. Darum hat OTFRIED MÜLLER, wie ich glaube, jenes Tyrrha mit vollem Rechte als ein Kennzeichen für die Heimath der Tyrrhener angenommen. Was aber ihre Beziehung zu Etrurien betrifft, so ist es nach meiner Überzeugung ein altes, zum Theil von Dionysios veranlasstes und bis in die neuesten Zeiten fortgepflanztes Missverständniss, wenn man der bei Herodot I. 94 vorliegenden Überlieferung den Sinn unterlegt, dass das etruskische Volk eine Colonie der Lyder sein sollte. Denn es handelt sich in der That weder um Lyder, die auswandern, noch um einwandernde Tusker, sondern um die auf dem Küstensaume des lydischen Reichs seit unvordenklichen Zeiten ansässigen Stämme griechischer Nationalität, welche von den Phöniziern das Seehandwerk gelernt haben und durch sie, wie die Dardaner, als schwärmendes Schiffsvolk in die Westsee gelangt sind, wo sie sich sporadisch an beiden Langseiten Italiens ausbreiteten. In ihrer Heimath sind sie von den jüngeren Stämmen nach und nach absorbirt worden; in der Westsee hat sich ihr Name erhalten und zwar in doppeltem Sinn. Einmal ist derselbe nach griechischem Sprachgebrauch auf das binnenländische Volk übergegangen, in dessen Reichsgebiet die von ihnen bewohnte Küste überging, und zweitens ist er die Bezeichnung der Küstenbevölkerung geblieben, die, von der griechischen Heimath getrennt, mit Barbaren vermischt, in alter Gewohnheit der Piraterie mehr und mehr verwilderten, wie die Hylleer in Illyrien, die Iolaeer in Sardo. Dem schwerfälligen Volk der Etrusker hat man gewiss mit Unrecht eine Neigung zum Corsarenthum aufgebürdet: Tyrrhener haben noch zu Alexanders Zeit, wie des Dinarchos tyrrhenische Rede beweist, das adriatische Meer unsicher gemacht.

Wo sie aber sesshaft geworden, waren sie Träger griechischer Bildung. Wo Küstenorte an ihren Namen geknüpft werden, finden wir Spuren überseeischer Einflüsse, griechischer Anlagen und Gebräuche und was den Zusammenhang mit Lydien betrifft, so ist es nach Entdeckung der Fürstengräber am gygäischen See eine unanfechtbare Thatsache, dass die lydischen Grabformen, auf das Genaueste nachgebildet, in Etrurien vorkommen, so dass eine Übertragung derselben nicht bezweifelt werden kann.[1]

Bei ethnographischen Untersuchungen dieser Art kann nur in grossen Zügen der Gang der Entwickelung und die allmähliche Aus-

---

[1] Artemis Gygaia und die lydischen Fürstengräber. Archäol. Zeitung Jahrgang XI. S. 148.

breitung des internationalen Verkehrs darzustellen der Versuch gemacht werden. Es treten aber für diese Periode, in welcher der griechischen Nationalität angehörige Stämme durch ältere Völker aus dem Dunkel hervorgezogen werden, zwei Thatsachen, wie mir scheint, immer deutlicher hervor, erstens die Priorität der Cultur auf der asiatischen Seite des griechischen Inselmeers und zweitens die beiden Stadien phönikischer Seehegemonie, welcher die Küstenstämme arischer Herkunft dienstbar sind.

Wollten wir mit den französischen Aegyptologen neben den Dardanern und den Tyrrhenern auch die Lykier (Leka) als solche ansehen, welche an der Völkerbewegung Theil nehmen, die seit Ramses II das Pharaonenreich bevölkerten, so würde die Priorität Kleinasiens noch vollständiger hervortreten. Doch halte ich mit H. GELZER diese Annahme für sehr unsicher, und auch in Bezug auf die Schardana 'vom Meer', die besonders häufig auftreten,[1] gestatte ich mir nur die Bemerkung, dass ich auch in ihnen nur Seevölker des östlichen Mittelmeers erkennen kann.

Das neue Stadium, da die Stämme am ägäischen Meer selbstständige Seefahrten machen, bezeichnet Thukydides mit dem treffenden Ausdruck: ἐπειδὴ οἱ Ἕλληνες πολλοὶ κατὰ θάλασσαν ἐπεισέπλεον, ἐκλιπόντες u. s. w. (VI, 2). Bei dem massenhaften Nachdrängen der jüngeren Völker, welche auch in den ägyptischen Texten mit Sand am Meer verglichen werden, erfolgte ohne schwere Kämpfe ein allgemeiner Rückzug der an Volkszahl schwachen Phönizier, die sich auf einzelne Punkte concentriren mussten. Für die Periode dieser siegreichen Concurrenz von Seiten der griechischen Stämme haben wir keine anderen Urkunden als die Grabfunde in den nach einander von Phöniziern und von Griechen bewohnten Orten, Grabfunde, deren Schichten darüber Auskunft geben, wie mächtig die der phönikischen Vorzeit sei und wie weit sie heraufreiche.

Untersuchungen dieser Art sind noch im Anfange, und doch hat man aus einzelnen Ergebnissen derselben die Berechtigung zu gewinnen geglaubt, Thukydides eines Irrthums zu überführen, wenn er den phönikischen Herrschaftskreis über die Küsten von ganz Sicilien ausdehne; denn bei Messina sei nichts von ihrer Ansiedelung aufzufinden gewesen.[2]

Wenn auch zu abschliessendem Urtheile die Lokaluntersuchungen nicht ausreichen, ist die Hinweisung auf diesen Punkt sehr lehrreich. Denn am sicilischen Sunde können wir in der That die ältesten Spuren

---

[1] STERN a. a. O. S. 2266.
[2] v. DUHN. Verhandlungen der Trier. Philologenversammlung S. 142.

selbsthätiger Ansiedelung von Hellenen nachweisen und uns dabei
zugleich von der ältesten Form derselben unterrichten. Alt-Zanale
war eine Ansiedelung kymäischer Piraten. Wie im baltischen Meere,
gingen auch im Mittelmeere Handel und Seeraub Hand in Hand.
Zanale war ein Lauerplatz, eine ἐπιβολὴ τῶν πλωιζομένων, der Strand
ein λῃστήρων, wie später noch die kilikische Steilküste. Wie die
Raubschlösser des Mittelalters waren diese Plätze an den Hauptstrassen
angelegt, und dass in der Anlage eine gewisse Methode herrschte,
zeigt der Zusammenhang mit Kyme. Weil aber an dem Sichelhafen
keine Stadt angelegt wurde, sondern nur eine Schiffsstation und Beute-
markt, behielt er auch den Namen der eingeborenen Sikeler. Der
Meerfelsen von Kyme war ursprünglich auch nur eine Seewarte; die
ganze Nachricht über Alt-Kyme und Alt-Zankle ist uns deshalb so
wichtig, weil es vielleicht die einzige, litterarisch überlieferte Kunde
ist aus einer verschollenen Periode, und eine solche, die uns den
Unterschied sporadischer Niederlassung und städtischer Colonisation
recht deutlich macht.

Mustern wir die verschiedenen Formen, in denen das griechische
Volk, seit es seetüchtig und selbständig geworden, den Kreis des
engern Heimathsbezirks überschreitet, so beginnt dies bei den nahe
einander gegenüberliegenden Gestaden. wo Seeraub zuerst in fried-
lichen Tauschverkehr übergeht. Ein Gestade giebt dem andern den
Überschuss der Bevölkerung ab; ein Wechselverkehr, welcher dort am
sichersten bezeugt ist, wo diesseits und jenseits dieselben Volksnamen
auftreten, wie es bei den Chaonern oder Chonern[1] der Fall ist, denen
wir in Epeiros wie in Oenotrien begegnen. Ähnlich verhält es sich
mit den Iapygern, Venetern u. A. Hier vollzogen sich Umwandlungen
der durchgreifendsten Art, aber im Gegensatze zu continentaler Ein-
wanderung friedlich und allmählich, so dass sie nur an den Ergebnissen zu erkennen sind. Am deutlichsten vielleicht in der kalabrischen
Halbinsel, deren hellenischer Charakter sich weder aus ursprünglicher
Stammverwandtschaft mit den nordgriechischen Völkern, noch aus
dem Einfluss der Stadt Tarent hinlänglich erklären lässt. Wir müssen
vielmehr ein mittleres Stadium annehmen. eine Zeit, in der das
gemeinsame Erbtheil bei neuer Begegnung modificirt wurde, da das
Volksthum noch bildsam genug war. um griechische Formationen,
wie die der neuerdings beobachteten Patronymica und griechische
Götternamen in die Landessprache aufzunehmen.[2] Hier traten durch
Übersiedelung von Küste zu Küste wesentliche Umwandlungen der

---

[1] HELBIG Hermes XI S. 268.
[2] DEECKE Rhein. Museum XXXVI S. 528.

Bevölkerung ein, ähnlich denen, die im ägäischen Meer durch Her-
überkommen der Ionier erfolgten; milde Umwandlungen verwandter
Nationalitäten, deren Gesammtresultat so bedeutend war, dass Ion
von Aristoteles der Oekist von Athen genannt werden konnte. Die
nicht städtisch geschlossenen Niederlassungen sind deshalb um so ein-
greifender, weil sie unmittelbar zu Cultusgemeinschaften führen, deren
sie nicht entbehren können, um im fremden Lande festen Fuss zu
fassen. So schlossen die eingeborenen Iberer in Tartessos sich dem
tyrischen Heraklesdienste an,[1] so die Italiker dem Apollo- und
Aphroditendienst.

Ähnliche Einwirkungen durch Zuwandern erfolgen auch dort, wo
von griechischen Küstenstädten die näheren Plätze des Hinterlandes
nach und nach assimilirt werden. So schlichtet sich am leichtesten
der alte Streit, ob Nola eine griechische Stadt sei oder nicht.[2]

Eine andere Art Zuwanderung ist die von kleineren Gruppen,
welche eine besondere Hanthierung haben. Wie im nordischen Binnen-
meere, das so viel Analogien mit dem Mittelmeere aufweist, Bürger
der Hansestädte sich als Fabrikanten, namentlich von Schuhwerk,
in den überseeischen Orten niederliessen; so errichteten griechische
Ansiedler ihre Werkstätten in den fremden Häfen. Der wichtigste
Kunstbetrieb war die Töpferei. Töpfer sind die hervorragendsten Leute
im Gefolge des Demaratos[3], und sie bezeugen die Übersiedelung griechischer Handwerkergilden in solche Plätze, welche keine Pflanzstädte
waren. Neben dem Import entwickelte sich also ein Betrieb an Ort
und Stelle, und mit vollem Recht hat man aus den in Atria gefun-
denen Thongefässen mit Besitzernamen und Weihinschriften auf Ansässigkeit von Griechen geschlossen, wie dies der Ruhm des dortigen
Thongeschirrs bestätigt. Was man dagegen eingewendet hat, scheint
mir nur davon zu zeugen, dass man viel zu sehr gewohnt ist, sich
die Griechen nicht anders als in Form städtischer Gemeinschaft draussen
zu denken.[4]

Wir haben hier also Waarenniederlagen und Werkstätten auf
erworbenem Grund und Boden am Küstenrande zu denken, durch
Cultusplätze den heimathlichen Gottheiten geweiht. Wir wissen ja
auch aus der Geschichte unseres Nordens, wie Ansgar, von Kaufleuten und Handwerkern begleitet, auszog. Wir kennen die Seemanns-
kirchen, wo nach glücklicher Überfahrt die Gelübde gelöst wurden.

---

[1] Arrian II 16.

[2] Kramer, Stil und Herkunft der griechischen Thongefässe S. 101.

[3] Vgl. Arch. Z. XVIII. S. 110, wo ich den Dritten neben Eucheir und Eugrammos,
Diopos, als Wegebauer aufgefasst habe.

[4] Helbig Italien S. 120 gegen Schöne Museo Bocchi XIII.

So entstanden Höfe mit Altären in ihrer Mitte, nach Vorbild der phönikischen Gehege (στρατόπεδα) mit der ξείνη Ἀφροδίτη; daher der Name Alsion für griechische Küstenstationen, und der Name Pyrgoi. Gewiss kam es häufig vor, dass diese auswärtigen Stationen eher eine Ringmauer hatten als die ionische Metropolis. Denn die Höfe mussten wie Lagerplätze eingerichtet sein, um Unberufenen den Zutritt zum Altare zu sperren und um Conflicte mit den Barbaren vermeiden oder. wenn es sein musste, bestehen zu können. So lagen zwei Niederlassungen mit festen Grenzen nebeneinander, wie in Wisby das deutsche Quartier neben dem gothischen lag, jedes durch einen besondern Vogt verwaltet.[1]  Am deutlichsten sehen wir dies bei den Emporiten in Spanien, welche ihr Seethor nach den Schiffen hatten, während das Landthor für die zum Verkehre bestimmten Tage und Tagesstunden sich öffnete. Vor demselben war der Bazar oder Marktplatz, um den die Iberer sich sammelten und niederliessen.  Hier erwuchs ausnahmsweise eine so nahe Verbindung, dass die hellenisirten Anwohner auf ihren Wunsch mit in den schützenden Mantel des griechischen Mauerrings aufgenommen wurden, ohne dass die innere Quermauer beseitgt wurde.

Eine ganz besondere Art sporadischer Niederlassung finden wir in den Ländern alter Cultur, namentlich in Aegypten, wo die Seestämme des Archipelagus nicht als Kaufleute Aufnahme fanden, sondern als streitbare Männer, mit denen Soldverträge geschlossen wurden, und es ist ein entschiedener Fortschritt unserer Geschichtskunde, dass wir jetzt wissen, wie Psammetichos nur dem Beispiel der grossen Pharaonen der achtzehnten und zwanzigsten Dynastie folgte, wenn er Ionier wie Karer in seine Dienste nahm und durch Dotation zu einer Art Militaircolonie machte.[2]

Die Einrichtungen des internationalen Verkehrs beschränkten sich natürlich nicht auf die fernen Zielpunkte des Handels, sondern es kam darauf an, auch die Verkehrstrasse unterwegs zu sichern und zweckmässig auszustatten.

Hier sind auch die Landwege zu berücksichtigen, auf denen die Griechen die Grenzen ihres Heimathkreises weit überschritten.

Ich erinnere an die Agenturen an den Karavanenstrassen, die das ägäische Meer mit dem Innern Afrikas verbanden.  So wohnten Milesier in dem altägyptischen Abydos;[3] es waren Repräsentanten milesischer Handelshäuser. mit bestimmten Gerechtsamen ausgestattet.

---

[1] D. Schäfer. die Hansestädte und König Waldemar S. 42.
[2] Maspero. Geschichte der morgenländischen Völker S. 475.
[3] Steph. Byz. Maspero S. 521.

Samier waren bis an die grosse Oase vorgedrungen,[1] und zwar ge-
hörten sie alle einer Phyle an, ein Zeichen, dass sie nicht von Staats
wegen ausgesendet waren. Die Ansiedelungen von einzelnen Häusern,
einzelnen Bürgerkreisen und einzelnen unternehmenden Gemeinden ausgegangen, lebten unter fremdem Reichsschutze als privilegirte Unter-
thanen fremder Race. Später erweiterten sie ihre engeren Kreise,
wie die Lübecker in ihrem Hofe zu Nowgorod auch Nicht-Lübeckern
Anschluss gestatteten. Das nationale Princip brach durch und so
entstand das Hellenion, wie im Baltischen Meere allgemein hansische
Quartiere, die allen deutschen Kaufleuten offen waren.

Von anderen Landungen, welche die Griechen weit aus ihrem
Heimathsbezirke heraus geführt haben, nenne ich die vom Pontus
und der Maiotis ausgehenden, welche, den grossen Strömen aufwärts
folgend, quer durch die Steppen Russlands den Verkehr mit dem
Norden herstellten. Nach Auffindung der binnenländischen Fund-
stätten des Bernsteins die Handelsstrasse nachzuweisen, welche den
Dniepr und Bug hinaufging, ist man jetzt eifrig und erfolgreich
beschäftigt.[2] Im Dongebiete kennen wir Nauaris und Exopolis als
vorgeschobene Posten griechischer Cultur. Ohne solche Binnenplätze
war ein sicherer Caravanenhandel unmöglich, und wir müssen annehmen,
dass von den griechischen Kaufmannsstädten, deren Namen aus den
im Handel vorkommenden Münzen nach und nach genauer bestimmt
werden können, Marktplätze, auf denen die Erzeugnisse der Nord- und
Südländer ausgetauscht wurden, regelmässig unterhalten worden sind.
Auch im nordgriechischen Alpenlande wird eine κοινὴ ἀγορά namhaft
gemacht, wo die vom Pontus und vom Adrias kommenden Händler
sich mit ihren Töpferwaaren begegneten, so dass die ganze Länge
des Wegs von Meer zu Meer unbekannt bleiben und unrichtig geschätzt
werden konnte. So erkläre ich es mir, dass noch zu Theopomp's
Zeit die Griechen, welche überall Halbinseln suchten, von einem
Isthmus zwischen Hadrias und Pontus fabeln konnten.[3] Endlich gab
es auch an der Seeküste Landstrassen, welche, wenn die Schiffahrt
durch Krieg oder schlechte Jahreszeit gehemmt war, den Verkehr
sicherten. So war Korinth mit seinen fernen Tochterstädten auch
durch Heerstrassen verbunden,[4] und wenn wir den Handel der Epi-
damnier mit den Bergvölkern, sowie die Ansässigkeit von Bakchiaden
bei den Lynkesten in's Auge fassen, so erkennen wir, wie die Bevöl-

---

[1] Her. III. 26.
[2] Ich verweise auf GENTHE's inhaltreichen Vortrag in der Philologenversammlung
zu Karlsruhe.
[3] Ps. Arist. Mir. ausc. 104. STRABO 317.
[4] Hermes X 230.

kerung der Seestadt auch in binnenländischen Gegenden weithin
sporadisch vertreten war.

Viel umfassender waren aber natürlich die Einrichtungen an den
Seestrassen, und viel grösser die Menge der Griechen, die hier mit
ihren Sklaven zerstreut wohnten. Die Seewege waren wie die Landstrassen nach Tagereisen berechnet; sie hatten ihre Etappen, ihre
Signalstationen, ihre Wasserplätze und Magazine, ihre Nothhäfen und
Schiffswerften. Wir finden in der Insel- und Küstenbeschreibung des
STRABO vielfach die Punkte hervorgehoben, welche über das Meer hin
einander sichtbar waren (STRABO 261). Wo keine Städte entstanden,
entstanden πολίχνια, und das Hemerostadion der Massalioten zeigt am
besten, wie die Begriffe von Stapelplatz. Castell, Seewarte und Heilig-
thum in einander übergehen (STRABO 159). Was aber für Einrichtungen
getroffen wurden, um ein Meer in griechischem Sinne für den Verkehr einzurichten, lernen wir am besten aus dem attischen Volks-
beschlusse, in welchem die Anlage von ἀφετήρια, ναυσταϑμοί, ἐμπόρια,
σιτοπόμπια, προβολαὶ (befestigte Vorsprünge zum Schutz gegen Seeraub)
für die adriatischen Gewässer angeordnet werden.[1]

So lassen sich in der Geschichte des Adrias, die LETRONNE zuerst
darzustellen unternommen hat, die verschiedenen Verkehrsepochen mit
einiger Sicherheit erkennen. Die Spuren der auch hier bahnbrechenden
Phönizier, die Zinn auf den Küsteninseln fanden, zeigen sich bei den
mit Kadmos zusammenhängenden Encheleern, bei den mit Tyrus ver-
knüpften Hylleern, in den Inselnamen Melite und Issa. Während
von nordgriechischen Stämmen Bryger, Thraker, Eneter sich vor-
schoben, waren es von der Seeseite erst Ionier, namentlich euböische
Stämme, welche hier Stationen errichteten, wie z. B. an der wichtigen
Bucht von Orikos. Dann begann die Zeit der Städte, Korinth und
seiner Pflanzorte. Das Meer wurde bis in den innersten Winkel eine
Seestrasse (πόρος Ἰόνιος). Daher nennt schon Hellanikos Hadria als
eine am ionischen Meer gelegene Handelsstadt, und die Zusammen-
stellung korkyräischer und adrianischer Thongefässe zeugt von dem
lebhaften Verkehr, der in Korkyra seinen Ausgangspunkt hatte.[2]
SCHWARZ-Korkyra und eine dichte Reihe griechischer Ortsnamen,
»Mentores, Elektrides, Diomedesinseln« u. a., sowie die Gesittung der
Illyrier, von denen ein Theil seiner Geistesbildung und seiner Gast-
lichkeit wegen von Skymna (V. 423) gerühmt wird, zeugen von den
Fortschritten, welche die Griechen hier machten — aber sie wurden
nie fertig. Im vierten Jahrhundert machten sich die Parier, Knidier

[1] Böcкн, Seeurkunden S. 457.
[2] R. Schöne, Museo Bocchi XV.

und Athener Concurrenz, um im Westmeere den Hellenismus durch-
zuführen. Dann nahm der ältere Dionysios die Aufgabe in seine Hand
und legte auf den Weideplätzen der Eneter, deren Rosszucht uns
durch das neu gefundene Alemanfragment wieder in das Gedächtniss
gerufen ist, syrakusanische Gestüte an.[1] Endlich unternahmen mit
grossem Aufwande die Athener (Ol. 113, 4) den Flottenzug, den man
zu guter Vorbedeutung einem Miltiades übergab, um das Meer als
ein griechisches einzurichten. Sporadisch waren Hellenen an allen
wichtigen Plätzen angesiedelt, und wenn es auch ein sehr ungenauer
Ausdruck war, Spina und Hatria Griechenstädte zu nennen, so war
es doch kein blosser Philhellenismus, der die alten Kaufstädte an den
Pomündungen mit Hellas verband und Spina neben Agylla die Ehre
verschaffte, durch einen eigenen Thesaurus in Delphi vertreten zu
sein, während die lydischen Weihgeschenke im korinthischen Schatz-
hause untergebracht wurden.

Agylla führt uns in das jenseitige Meer und an die Küste, wo die
sporadische Ausbreitung griechischer Stämme unter allen Uferländern
des Mittelmeers die grösste Bedeutung erlangt hat. Das Griechenthum,
das die Tarquinier nach Rom gebracht haben, das, von den Tuskern
äusserlich angenommen, von den stammverwandten Latinern innerlich
aufgesogen wurde, wurzelt, wie von Tage zu Tage deutlicher hervor-
tritt, in den Uferplätzen der Westküste, Agylla-Caere, Pyrgoi, Alsion,
Tarquinii. Für die nördliche Küste war Aithalia der Hauptpunkt vor
dem Hafen von Populonia. Hier ist ein kleiner Archipelagus, der
die östlichen Seestämme anmuthen musste, ein Gestade mit drei Inseln;
alle drei von Populonia sichtbar, das selbst nach alter Überlieferung
von Kyrnos aus gestiftet sein sollte. Südlich das in seinen Denk-
mälern durch griechische Seegottheiten vertretene Vetulonia mit
seinem griechischen Hafenorte Telamon, dessen neu gefundene Über-
reste eine reiche Fundgrube griechischer Kunstwerke geworden sind,
nördlich Pisae, portus Σελήνης. Wenn das, was kleinasiatische Tyrrhener an der Westküste von Mittel- und Oberitalien begonnen, auch
von Korinth und den Phokäern aufgenommen wurde, blieb die griechische Besiedelung doch zu dünn und zerstreut, um den Barbaren
Widerstand leisten zu können, welche oberhalb der Küste ihre Stadt-
burgen aufthürmten. Um so mehr wurde Alles, was die Uferbewohner
an Leistungsfähigkeit hatten, von dem Binnenvolk verwerthet (eben
so wie es die Lyder mit den Urtyrrhenern machten), die Technik des
Seewesens eben so wie das künstlerische Talent. So sind auch in
der Binnenstadt, welcher das ligurische Gestade zufiel, die Spuren des

---

[1] Blass im Hermes XIII. 28. Vgl. Holm, Sicilien II., 134.

Griechenthums nicht erloschen und wir finden über die Urnen der Volaterraner eine Fülle griechischer Seefahrersagen ausgeschüttet.[1]

Ein tiefer Zug innerer Verwandtschaft hat lange vor den Zeiten städtischer Colonisation die Brudervölker, die sich in nördlichen Berglandschaften getrennt haben, auf dem Seewege wieder auf beiden Seiten zusammengeführt, und das fremdartige Tuskervolk, das sich zwischen sie geschoben, hat die Verschmelzung nicht hemmen können, dieselbe vielmehr in merkwürdiger Weise fördern müssen.

Was die sporadische Ausbreitung griechischer Seestämme ausserhalb Italien betrifft, so ist Libyen die wichtigste Gegend. Wir finden bei Stephanos Kybos als Ionerstadt in Libyen aus Hekataios angeführt, einen Hafenort bei Ἵππου ἄκρη nach MEINEKES zweifelloser Lesung, wenn auch die weiter gehende Textänderung unsicher ist. Maschala wird als eine von Hellenen gegründete Küstenstadt zwischen Utica und Hippon genannt.[2] Wenn wir erwägen, wie vielseitige Culturbeziehungen an der libyschen Küste zusammentreffen, wenn wir auch die Elymer über Libyen nach Sicilien kommen sehen, wenn wir sehen, wie manche griechische Gottesdienste und Cultsagen[3] an den Syrten heimisch sind, wenn nun endlich aus ägyptischen Urkunden zu Tage tritt, in welchem Umfange das Pharaonenreich unter den Einflüssen seiner westlichen Nachbarn gestanden hat, so erhellt, wie wichtig und dringend für die Geschichte der Mittelmeervölker eine, wie wir hoffen, durch Auffindung neuer Quellen geförderte Untersuchung über Libyen und seine Beziehung zu Hellas ist.[4]

Werfen wir zum Schluss noch einen Blick auf die fernsten Punkte im Westen und Osten des Mittelmeers, so ist einerseits das Mündungsland des Bätis ein wichtiger Platz, wo die Hellenen ohne Stadtanlage heimisch geworden sind; andererseits ziehen die eigenthümlichen Staatsbildungen an der Küste Syriens immer von Neuem unsere Aufmerksamkeit an. Denn die von Allem, was sonst der Orient aufweist, verschiedenen Stadtverfassungen und Stadtbündnisse[5] der Philistäer mussten immer die Vorstellung erwecken, dass hier Einflüsse stattgefunden haben, welche von der Seeseite und von Völkerschaften griechischer Nationalität ausgegangen sind. Zu den orientalischen Nachrichten von Verbindungen mit den westlichen Inseln

---

[1] Über die Spuren griechischer Sitte an diesen Gestaden vgl. den Aufsatz de Persii Flacci patria in der Satura philologa H. Sauppio oblata.

[2] Diod. XX 17.

[3] Vergl Beiträge zur Geschichte und Topographie Kleinasiens. 1872. S. 4.

[4] Vergl. L. STERN, die Libyer im Alterthum. Beilage zur Allg. Zeitung 1882. No. 155.

[5] STARK GAZA S. 2 ff.

ist nun die Thatsache getreten, dass die Sprache der Kyprier als eine
griechische entziffert worden ist, dass Kypros also früh zum griechischen
Seegebiete gehört hat und die sagenhafte Überlieferung von seinen
Verbindungen mit Hellas urkundlich bestätigt worden ist.[1]    Dazu
kommt aus ägyptischen Quellen die Thatsache, dass unter Ramses II.
Dardaner und Leku, mit den Chittitern verbündet, auftreten.[2]    Wir
müssen also annehmen, dass Seefahrer des Nordens an der syrischen
Küste ausgestiegen sind.    Dass aber an diesen Küsten griechische
Schiffe frühzeitig heimisch gewesen sind, erhellt auch aus dem oben
erwähnten Sprachgebrauche, der das 'ionische Meer' bis Gaza aus-
dehnt.    Es wird also, was hier nur als Vermuthung angedeutet
werden soll, es wird sich vielleicht auch hier nachweisen lassen,
dass griechische Zuwanderer ohne selbst geherrscht und griechische
Städte gegründet zu haben, einen eingreifenden Einfluss auf die poli-
tische Entwickelung ausgeübt haben, wie dies in Bezug auf die Bildung
der tuskischen Stadtbünde, in Beziehung auf die Verfassung Roms
und wohl auch auf die der Karthager angenommen werden muss;
denn die letztere würde schwerlich der Ehre gewürdigt worden sein,
von Aristoteles unter den besten bürgerlichen Gemeindeverfassungen
anerkannt und erforscht zu werden, wenn hier nicht von Libyen aus
Elemente griechischer Cultur eingedrungen wären.

Die Geschichte der Hellenen bleibt eine mangelhafte, wenn sie
sich auf Mutterland und Colonien beschränkt.    Die Hellenen sind an
allen Küsten des Mittelmeeres das Salz der Erde gewesen, auch da,
wo sie in der Minderheit geblieben sind und nur geringe Spuren ihrer
Gegenwart zurückgelassen haben.

---

[1] C. Cauer, Delectus inscr. Graec. p. 157.
[2] Stern a. a. O. S. 2266.

---

Ausgegeben am 16. November.

Berlin, gedruckt in der Reichsdruckerei.